CHRISTOPHE COLOMB

ou

LA DÉCOUVERTE DU NOUVEAU MONDE,

ODE-SYMPHONIE EN QUATRE PARTIES

Paroles de MM. MÉRY, Ch. CHAUBET et SYLVAIN St-ETIENNE,

Musique de M. FÉLICIEN DAVID.

Exécutée pour la première fois, dans la Salle du Conservatoire, le 7 Mars 1847

Prix : 1 franc.

PARIS
CHEZ TOUS LES MARCHANDS DE MUSIQUE.

1847.

CHRISTOPHE COLOMB

ou

LA DÉCOUVERTE DU NOUVEAU MONDE,

ODE-SYMPHONIE EN QUATRE PARTIES,

Paroles de MM. MÉRY, Ch. CHAUBET et SYLVAIN S'-ÉTIENNE,

Musique de M. FÉLICIEN DAVID,

Exécutée pour la première fois, dans la salle du Conservatoire, le 7 Mars 1847.

Prix : 1 franc.

PARIS
CHEZ TOUS LES MARCHANDS DE MUSIQUE.

1847.

A. GUYOT, IMPRIMEUR DU ROI,
Rue Neuve-des-Mathurins, 18.

CHRISTOPHE COLOMB

ou

LA DÉCOUVERTE DU NOUVEAU MONDE.

PREMIÈRE PARTIE.

LE DÉPART.

(Symphonie.)

Strophes déclamées.

Océan inconnu, ténébreuse Atlantique,
Tu vas te dépouiller de ton mystère antique.
Hardi navigateur par la gloire excité,
Colomb a deviné les fortunés rivages,
Les fleuves, les déserts et les îles sauvages
    Que voile ton immensité.

Océan ! le héros va quitter l'Ibérie,
Qui pour lui désormais est une autre patrie,
Et pour l'épouvanter tu t'insurges en vain ;
Il contemple déjà, dans les déserts de l'onde,
Les nouveaux champs promis, le magnifique monde
    Qu'il vit dans un rêve divin.

Monologue de Colomb.

Récitatif.

Oui, Colomb vous entend, mystérieux génies
Qui dans mes nuits m'avez réveillé tant de fois ;
La mer vous a prêté toutes ses harmonies ;
C'est l'heure... J'obéis à vos puissantes voix.

COLOMB.

Air :

La brise qui se lève
Dans l'air et sur les eaux,
Agite sur la grève
La poupe des vaisseaux.
Partons ! le ciel l'ordonne ;
Sur l'abîme dompté
Méritons la couronne
De l'immortalité !

Elle est vierge, elle est belle
La terre où l'or ruisselle
Et dans l'onde étincelle ;
Amis ! nous l'appelons.
Là, les fleurs ranimées
Par les nuits embaumées,
Ont des rives aimées
Et de tièdes vallons.

Colomb et ses compagnons.

Solo et Chœur.

COLOMB.

Amis fidèles,
Sur les flots de ces mers nouvelles,
Jurez de m'obéir toujours!
(Le Chœur).   Oui, toujours!
Un monde devant nous s'élance;
Nos cœurs s'enivrent d'espérance.
(Le Chœur.)   Espérance!
Ma voix vous le promet d'avance :
Déjà sur vous se lèvent de beaux jours.

Le Chœur.

Hardi Colomb! toi qui, conduit par ton génie,
Quittas les champs de la patrie,
Nous te consacrons notre vie.
Les fiers enfans de l'Ibérie
Dans les périls t'offriront leurs secours.

COLOMB.

Votre courage
Du monde entier aura l'hommage;
Il va s'unir à vos transports.
(Le Chœur.)   O transports!

Fiers Espagnols, pour tributaire,
Oui, vous aurez toute la terre.

(Le Chœur.) Oui, la terre !
Conquérans d'un autre hémisphère,
A vous la gloire et d'immenses trésors.

Le Chœur.

D'un héros protégé par les cieux,
Nous suivrons le destin glorieux.
A travers les périls et les flots furieux
Nous irons moissonner la gloire ;
Puis au jour
Du retour,
La voix de l'histoire
Aux siècles à venir dira notre victoire.
L'avenir nous sourit
Et le Ciel nous bénit.

Strophe déclamée.

Tandis que les marins, prêts à fendre les ondes,
Remplissent l'air de cris joyeux,
Les femmes, sur les mers, solitudes profondes,
En pleurant attachent leurs yeux.

(Orchestre.)

Strophe déclamée.

La jeune fiancée, accourue au rivage
Où le flot meurt en écumant,

Avant le doux hymen redoutant le veuvage,
Reçoit l'adieu de son amant.

FERNAND.

Adieu, ma belle,
A toi toujours!
Reste fidèle
A nos amours.

Du beau rivage
Où ton image
Va me sourire à chaque instant,
Je veux, Elvire,
Sur mon navire
Te rapporter riche présent.

Adieu, ma belle,
A toi toujours!
Reste fidèle
A nos amours.

ELVIRE.

Aux Seigneuries
Des Asturies
Laissons les diamans et l'or!
Pour une amante
Flamme constante,
Voilà le plus rare trésor.

Garde à ta belle,
Garde toujours,
Un cœur fidèle,
Tendres amours!

Duo.

Un jour ensemble,
Sous le vieux tremble
Nous irons encor nous asseoir,
Aux heures calmes
Où sous les palmes
Vient pleurer la brise du soir.

Oui, sur ces rives
Des mers plaintives
Qui reçoivent l'adieu d'amour,
Pour nous encore
La tour du More
Sonnera l'heure du retour.

ELVIRE.	FERNAND.
Adieu, ma vie!	Adieu, ma vie!
Pense toujours	Tendres amours,
A ta patrie,	Chère patrie,
A tes amours!	A vous toujours!

Strophe déclamée.

Le bronze du navire, au bronze du rempart
Répond sous la nue enflammée,
Et dans des tourbillons solennels de fumée
Donne le signal du départ,
Et le peuple entonnant son hymne accoutumée
Suit des yeux la flotte qui part.

(Orchestre.)

Prière.

Chœur.

Dieu de bonté, Dieu tutélaire,
Vers toi, dans notre peine amère,
Nous poussons un cri gémissant.
De la vague apaise la rage ;
Fais que l'Autan, fils de l'orage,
Devant eux s'arrête impuissant.

Prions, prions,
Époux, vierges et mères,
Pour nos fils et nos frères ;
Dieu répandra sur eux ses bénédictions.

Pour que l'Ibérie,
Terre de l'honneur,

Un jour glorifie
Leur noble valeur,
L'âme recueillie,
Prions le Seigneur!

Strophe déclamée

Tandis qu'aux bords des mers la foule prie encore,
Le Ciel, arbitre des destins,
Des vaisseaux castillans partis avec l'aurore,
L'écho redit les chants lointains.

Reprise du chœur des navigateurs.

D'un héros protégé par les cieux, etc.

DEUXIÈME PARTIE.

UNE NUIT DES TROPIQUES.

Strophe déclamée.

L'immensité des mers par la nuit est voilée ;
Le vent dort, le silence entoure les vaisseaux ;
Le ciel, sur le sommeil de la terre et des eaux,
Arrondit sa tente étoilée.

(Symphonie.)

Chanson du Mousse.

La mer est ma patrie,
Ce bord est mon séjour ;
J'y dois passer ma vie,
J'y dois mourir un jour.
Va, petit mousse,
Dans un climat lointain ;
La mer est douce
Pour le pauvre orphelin !

La vie est bien amère
A l'enfant délaissé
Que l'amour d'une mère
N'a jamais caressé.

Va, petit mousse,
Dans un climat lointain;
La mer est douce
Pour le pauvre orphelin !

Chœur mystérieux des génies de l'Océan.

(Orchestre.)

Chœur de l'équipage.

La douce voix des génies
De sublimes harmonies
Ravit le calme des airs,
Et le chœur lointain des mondes,
A l'hymne montant des ondes,
A mêlé ses doux concerts.
Dans l'éclat des nuits sereines,
Sur le flot dormant,
Les étoiles, blondes reines,
Brillent doucement.

Salut, mystérieux génies,
Dans vos chants si pleins d'harmonies,

Aux luths divins du firmament
Unissez-vous en ce moment.
Chantez! votre concert magique,
Charmera les nuits du tropique;
Les échos des cieux et des mers
Le rediront à l'univers.

LE QUART.

RÊVERIE.

FERNAND.

O mer où la nuit pleure
En semant ses pavots,
Mer que ma voile effleure,
Je gémis sur tes flots!
Un doux refrain console;
Amis, chantez en chœur!
La chanson espagnole
Calmera ma douleur.

BALLADE.
Un Marinier et le Chœur.

Marinier, marinier,
Dans le siècle dernier,
Térésa, pauvre fille,
Le rosaire à la main,
Brillait comme un jasmin,
Sans bijoux ni mantille.

FERNAND.

Sur la verte pelouse
Que j'aimais à la voir
Cette vierge andalouse,
Mon rêve, mon espoir.
Un doux refrain console ;
Amis, chantez en chœur !
La chanson espagnole
Calmera ma douleur.

Un Marinier et le Chœur.

Marinier, marinier,
Un puissant chevalier
Soupirait auprès d'elle ;
Mais un beau bachelier,
Sans pourpoint ni collier,
Eut la main de la belle.

Chœur de Matelots.

Oh ! qu'il fait bon
Près du timon,
Rêvant de nos campagnes ;
Là, nous buvons
A pleins flacons
Le doux vin des Espagnes.

Ce vin que nous sablons
Double notre délire,
Et rend à ce navire
Le ciel de nos vallons;
C'est lui qui nous console
De nos chagrins amers,
Et mieux que la boussole
Nous guide sur les mers.

Navigateurs hardis,
Sur l'onde solitaire
Nous cherchons une terre
Qui soit un paradis.
Mais dans ce nouveau monde
Où tout paraît divin,
S'il n'était pas de vin
Pour en boire à la ronde,
   Ah! revenons
   Dans nos vallons,
Dans nos belles campagnes;
   Là, nous boirons,
   Nous sablerons
Le doux vin des Espagnes.

Strophe déclamée.

Et le dernier refrain de la chanson connue
Expirant sous le ciel de ces lointains climats,
Une teinte lugubre enveloppe la nue
Et le drapeau frémit à la cîme des mâts.

(Orchestre.)

Chœur.

>Adieu le rêve!
>Le vent se lève
>Comme un forban,
>Siffle et déchire
>Voile et navire
>Sur l'Océan;
>L'onde bouillonne,
>La foudre tonne,
>C'est l'ouragan!

>O pitié! Vierge sainte!
>Entends, entends la plainte
>Des pâles matelots;
>Étoile tutélaire,
>Apaise la colère
>Et des vents, et des flots!

(Calme.)

(Reprise du chœur bachique.)

TROISIÈME PARTIE.

LA RÉVOLTE.

CALME PLAT.

(Orchestre.)

Strophes déclamées.

Un calme désolant, un silence de tombe
Entourent le vaisseau; la mer dort, le vent tombe;
    Bientôt se déroule à leurs yeux
Le tranquille horizon de la zône torride,
Grand désert de saphir qu'aucun souffle ne ride;
    Et le pilote soucieux,
Qu'un azur infini couvre de son mystère,
Ne voit que le soleil, sublime solitaire,
    Entre l'Océan et les cieux.

On dirait que la mer s'est encore agrandie.
Sous un ciel embrasé qui verse l'incendie,
    La langueur brise le plus fort.
Ils ont désespéré de la terre attendue;
Ils laissent pendre au mât la voile détendue

Sur le flot sans brise et sans port.
On regarde en pleurant le navire immobile
Dans un cercle de flamme arrêté comme une île
  Où le seul salut est la mort.

Colomb et les Matelots.

Scène et Chœur.

Le Chœur.

Levons-nous, réveillons nos âmes ;
Notre navire est un cercueil.
Le vent se tait, prenons les rames ;
Cherchons la mort sur un écueil !
Le ciel fait tomber de l'espace
Sur la mer un voile de plomb.
Dieu nous punit de notre audace
Et maudit Christophe Colomb.

Colomb.

Récitatif.

Ainsi le moindre obstacle a brisé vos courages,
Vous qui m'avez promis d'héroïques efforts,
Vous qui dans les écueils, la nuit et les orages
  Vouliez affronter mille morts !

Air.

C'est un jour de gloire et de fête ;
Chantez vos airs les plus joyeux :

Le soleil luit sur votre tête,
L'Océan éblouit vos yeux,
Et notre navire s'arrête
Pour mieux voir la mer et les cieux.

Le Chœur.

Où sont les rives fortunées,
Les archipels, les cieux amis,
Les îles de fleurs couronnées,
Colomb, que tu nous a promis ?
Dieu te demande pour victime ;
Il va parler ! nous le suivrons.
Voilà ta tombe : c'est l'abîme !
Tu périras et nous vivrons.

Colomb.

Attendez la nouvelle aurore ;
Dieu vous fera votre chemin.
Amis, si votre voix l'implore
Il vous conduira par la main.
Aujourd'hui vous souffrez encore ;
Vous serez triomphans demain.

Voyez ! déjà la mer respire
Et se teint de mille couleurs ;

Le ciel répond par un sourire
Au dernier cri de vos douleurs,
Et la brise apporte au navire
Un parfum d'arbres et de fleurs.

Chœur.

Gloire à Colomb ! Dieu l'écoute.
L'Océan creuse la route ;
Les voiles s'ouvrent au vent,
Et l'étendard où scintille
Le fleuron de la Castille,
Au mât nous crie : En avant !

QUATRIÈME PARTIE.

LE NOUVEAU MONDE.

(Orchestre.)

Strophe déclamée.

Enfin le matelot sur les mers vit éclore
Cette terre nouvelle, aux clartés de l'aurore,
Aux parfums de la rive, aux doux chants de l'oiseau ;
Il vit les hauts palmiers s'épanouir sur l'onde,
Et dans des vapeurs d'or le soleil du vieux monde
Levé sur un monde nouveau.

(Symphonie.)

Chœur.

Terre ! terre ! ô transport !
Voilà le Nouveau Monde ;
Salut, rive féconde,
Enfin voici le port !

Danse de Sauvages.

(Orchestre.)

Chœur de Sauvages.

Parés de beaux plumages
  Aux mille couleurs,
Dansons sur nos rivages
  Parsemés de fleurs.
Saluons, dès l'aurore,
Les bois que nous aimons,
Et le soleil qui dore
Nos fleuves et nos monts.

Lançons notre pirogue
  Sur le sein des eaux;
Près du bord qu'elle vogue
  Parmi les roseaux;
Et loin de la cabane
  Qui fuit à nos yeux,
Allons à la savane
  Chère à nos aïeux.

Ecoutez ce bruit d'ailes
  Qui frémit dans l'air,
Ce sont les hirondelles
  Filles de l'éclair.

Que la brise légère
Nous mène sur les eaux,
A la rive étrangère
Où volent ces oiseaux.

La Mère Indienne.

ÉLÉGIE.

Sur l'arbre solitaire
Qui prête son mystère
A ton berceau mouvant,
Dors en paix, mon enfant,
Au doux chant de ta mère!

L'hirondelle légère,
Effleurant la bruyère,
Baise ton front charmant;
Dors en paix, mon enfant,
Au doux chant de ta mère!

Pauvre fleur éphémère,
Tu passas sur la terre
Comme un souffle du vent.
Dors en paix, mon enfant,
Au doux chant de ta mère!

COLOMB.

Récitatif.

Le voilà, ce rivage
Que vous avez conquis par un noble courage !
   Chers compagnons ! cette terre est à nous.
   Voyez déjà tous ces fiers insulaires
Qui viennent en amis se mêler avec vous ;
Respectons tous leurs droits, rendons leurs jours prospères.
Laissons-les vivre heureux à l'ombre des forêts,
    Et n'oublions jamais
    Qu'ils sont aussi nos frères !

Chœur final.

A toi, chef immortel,
Nos vœux et notre hommage
En ce jour solennel ;
Ton génie est le gage
D'un empire éternel !
A toi ! chef immortel,
Nos vœux et notre hommage
En ce jour solennel !

FIN.

www.ingramcontent.com/pod-product-compliance
Lightning Source LLC
Chambersburg PA
CBHW060623050426
42451CB00012B/2396